AF357136

LA CRITIQUE

DES

NUITS A PARIS

Réserve
16°Li³
786
(2)

TIRAGE A SOIXANTE-DEUX EXEMPLAIRES
*Dont douze sur Japon
non mis dans
le
Commerce*

Comment furent écrites
par Rodolphe Darzens les

Nuits à Paris

et de quelle manière les illustra
le peintre Adolphe Willette;
plaquette critique ornée
de trois dessins inédits
du même artiste et
d'un fac-simile
d'autographe

Aux frais
d'un Bibliophile bien connu
1890

LA CRITIQUE

DES

NUITS A PARIS

Edgard Allan Poë, dans ses MARGINALIA, — partie de son œuvre complète dont jusqu'ici des fragments seuls ont été traduits, et qui échappe ainsi à la moutonnière admiration de ces petits gens-de-lettres, lesquels ne jurent plus que par Saint-Baudelaire (pourquoi? ils l'ignorent, mais c'est la mode). — Edgard Allan Poë, avec ce style mathématiquement précis, presque sans équivalent en langue française,

écrivit les deux paragraphes sui-
vants, d'une si cruelle et si oppres-
sive vérité :

« If any ambitious man have a
fancy to revolutionise at one effort
the universal world of human
thought, human opinion, and human sentiment, the opportunity is
his own — the road to immortal
renovn lies straight, open, and unen-
cumbered before him. All that he
has to do is to write and publish a
very little book. Its title should
be simple — a few plain words —
« My Heart Laid Bare ». But this
little book must be *true to its title*.

Now is it not very singular that, with the rabid thirst for notoriety which distinguishes so many of mankind, — so many, too, who care not a fig what is thougt of them after death, — there should not be found one man having sufficient hardihood to write this little book? To WRITE, I say. There are ten thousand men who, if the book were once written, would laugh at the notion of being disturbed by its publication during their life, and who could note even concieve *why* they should object to its being published after their death. But to write it — *there* is the rub. No man dare write it. No man ever will dare write it. No man *could* write it, evens if he dared. The paper would shrivel and blaze at every touch of the fiery pen. »

Ces quelques trente lignes qu'on vient de citer *in-extenso* devraient être gravées en la mémoire de tout penseur et surtout de tout psychologue. Elles les désespéraient, il est vrai; car, traduites, — il ne faut jamais trop présumer de l'instruction du lecteur, moins encore de son intelligence — elles disent, succintement, ces terribles lignes

« que si quelqu'ambitieux avait
la fantaisie de révolutionner d'un
seul coup le monde universel de la
pensée humaine, de l'opinion humaine et du sentiment humain...
il n'aurait qu'à écrire et à publier
un très petit livre. Son titre serait
simple... : Mon Cœur Mis à Nu.
Mais ce petit livre devrait être FIDÈLE
A SON TITRE. Or... il ne se trouverait
pas un homme ayant la hardiesse
de l'écrire... Personne n'oserait l'é-
crire. Personne ne l'écrira jamais.
Personne ne POURRAIT l'écrire, même
s'il l'osait. Le papier se recoquil-
lerait et flamberait sous chaque

effleurement de la plume brûlante. »

Eh bien, ce n'est pas un paradoxe que cette affirmation d'Edgard Allan Poë ! Hélas nul ne peut, aujourd'hui, écrire ce qu'il a au fond du cœur, manifester son arrière-pensée ; et lorsqu'un auteur, sous le prétexte de dire toute la vérité sur lui-même et sur son œuvre, fait précéder celle-ci d'une préface, c'est pour y mentir plus effrontément encore que dans le reste du livre...

Pour preuve, par exemple, la préface de ces NUITS A PARIS dont il y a peut-être quelque curiosité à dire comment elles furent écrites

et illustrées. Or, en cette préface, il
est question tout d'abord d'une poé-
tique légende égyptienne, prétendu
souvenir de classe des deux colla-
borateurs, légende qui, il y a gros
à parier, doit être de pure inven-
tion, de sorte qu'elle n'est pas plus
égyptienne qu'hindoue, assyrienne
ou sanscrite.. Puis de cette collabo-
ration de MM. Rodolphe Darzens
et Adolphe Willette elle-même, il
y en est donné la simple raison
suivante : une rencontre fortuite
du poète et du dessinateur, par une
belle nuit ! Mensonge , horrible
mensonge encore, puisqu'ils se con-

naissent de longue date, et que l'idée du petit volume leur est venue à tous deux, un vilain jour, que chacun de son côté, QUÆRENS QUEM DEVORET, ils se sont trouvés nez à nez chez le même éditeur hospitalier.

Car à cette époque déjà lointaine (il y a moins d'un an de cela), le poète de l'AMANTE DU CHRIST, n'espérait pas présider aux destinées d'une Revue aussi riche que la REVUE D'AUJOURD'HUI, et l'ex-directeur du « PIERROT » n'avait pas encore gagné le gros lot de cette tombola de l'Exposition univer-

selle, enfin tirée, gros lot qui lui
a permis d'acquérir depuis un très
authentique château.... en France,
— oui, à l'Isle-Adam, — où il hé-
berge si magnifiquement ses amis
Rodolphe Salis et Jules Roques.

Aussi les deux futurs auteurs des
NUITS A PARIS acceptèrent-ils
avec enthousiasme la mission d'i-
nitier les étrangers et les Parisiens
eux-mêmes aux secrètes beautés
nocturnes de la Grand'Ville. Et
ils ne manquèrent pas de leur in-
diquer le plus scrupuleusement
possible ces plaisirs coutumiers
aux noctambules, comme par exem-

ple : l'attente, autour de la guillo-
tine, d'une exécution capitale ; les
balades entre minuit et trois heures
du matin sur les fortifications dé-
sertes ; la dégustation d'un sang
tiède et rouge aux abattoirs, dès le
petit jour ; le couchage sur les bancs
des boulevards extérieurs, ou mieux
encore, dans un poste de police ;
les rixes avec d'aimables soute-
neurs ; puis enfin les haltes dans
d'hospitalières mais peu honnêtes
maisons.

Et tandis que l'un décrivait librement, l'autre dessinait, tout
aussi librement. Trop librement

même! Car voici ce qu'il arriva :
Le petit livre était en épreuves,
bien revu, dûment corrigé ; le bon
à tirer était même donné, lorsque
l'imprimeur, (retenez bien son nom,
bénévoles lecteurs) Monsieur Paul
Dupont, jetta un coup d'œil sur les
pages du petit volume. Horreur ! à
la page 249 un dessin, hors-texte,
représentait une jolie femme tout
à fait nue, mais au port d'armes,
devant un jeune cuirassier occupé
à compter les soucoupes de ses
consommations. « Insulte à l'armée ! — Outrages à un Corps consti-
tué ! — Impossible d'imprimer ça ! »

Plus loin à la page 253, une autre femme, nue également, et au piano encore !

Elle était toute nue assise au clavecin...
(MAURICE ROLLINAT).

Puis enfin, à la page 254, deux femmes nues, oui deux cette fois, dont même une négresse — *Proh pudor !* — jouant aux cartes !

Il fallait changer ces dessins, ou le livre ne paraissait pas... Et la tombola de l'Exposition universelle n'étant pas tirée, son gros lot pas gagné, Willette, en rechignant fort, en jurant même, s'y décida : il fit trois nouveaux dessins dont l'un, celui de

la page 20 de cette plaquette devait
remplacer la femme au piano, subs-

titution qui ne fut point faite —
oubli ou intention maligne du met-
teur en pages ? — Pour la page 249,

le charmant artiste accusé d'ou-
trage à l'armée, lui fils et petit-fils
de soldat, transforma son cuirassier en étudiant et sa fille de joie
en femme de brasserie : CECI vaut-il
mieux que CELA ? (V. H.) Enfin le
dessinateur habilla de vastes pei-
gnoirs angéliques ses impudiques
joueuses d'écarté, tandis que l'indé-
cente négresse fut du même coup
de crayou métamorphosée en une
créature maigre mais blanche.

Seulement le jour de la publication du petit livre, Willette dé-
versa sa mauvaise humeur dans
une jolie lettre de gai voyou de

Paris, adressée à son collaborateur,
curieux spécimen de l'écriture du

délicat artiste, dont le crayon évoque
si gracieusement l'âme candide des

Pierrots modernes ; mais cette lettre d'un ton un peu trop vif a été
jugée impossible à publier jusqu'en
la présente plaquette, même en Bel-
gique, par des imprimeurs dont les
noms ne seront pas cités afin de
leur éviter d'être voués à l'é-
ternel opprobre des bons biblio-
philes.

Et maintenant, si l'on rapporte
finalement l'aveu sincère qu'à fait
un jour l'auteur des Nuits à Paris, qu'il en a écrit les « *deux cent
soixante cinq pages en quatre nuits
à peine.* » (le temps fait tout à
l'affaire) ! l'esprit d'Edgard Allan

Poë sera-t-il content? Certes c'est là
une franchise possible ici seulement, en cette critique destinée
aux curieux de lettres, à ces rares
raffinés, amateurs de correspon-
dances et de confessions inédites,
pages écrites sans la préocupation
du style, — toilette des phrases
qui doivent aller *dans le monde.*
— Car les lettrés subtils ressemblent
à cet effréné débauché, au roi
Louis XV, dont la luxure excessive,
lassée enfin des choses hors-na-
ture, ne s'allumait plus qu'aux nu-
dités toutes simples; de sorte que
l'experte marquise de Pompadour,

désireuse d'obtenir quelque nouveau pouvoir de son amant, ne se présentait à lui qu'au sortir du lit et du sommeil, demi-nue, sans fard et sans parfums ; sûre qu'elle était d'en être quitte au contraire pour un baise-main, quand elle venait vers lui, galamment vêtue, poudre-de-rizée, du rouge aux joues et aux lèvres, les seins tout odorants de musc et de benjoin.

Aussi pour donner l'exemple complet de cette absolue franchise à laquelle les littérateurs ne sont pas accoutumés, celui qui un soir d'ennui a écrit les quelques notes précèdentes, sur un livre déjà oublié, croit devoir ne pas garder l'anonymat, et les signer, au bas de la dernière page, de son prénom et de son nom, en toutes lettres :

Rodolphe Darzens

Paris le 1er Janvier 1890

www.ingramcontent.com/pod-product-compliance
Lightning Source LLC
LaVergne TN
LVHW012118170726
843501LV00008BC/2916